I. BERTRAND

LA Synagogue et les Elections de Mai 1898

Lettres à trois Juifs et à un Groupe d'Électeurs

PARIS
& BARRAL, LIBRAIRES-ÉDITEURS
4, rue Madame, et rue de Rennes, 59

1898

Commercy. — Imprimerie E. Tugny, rue Colson, 22.

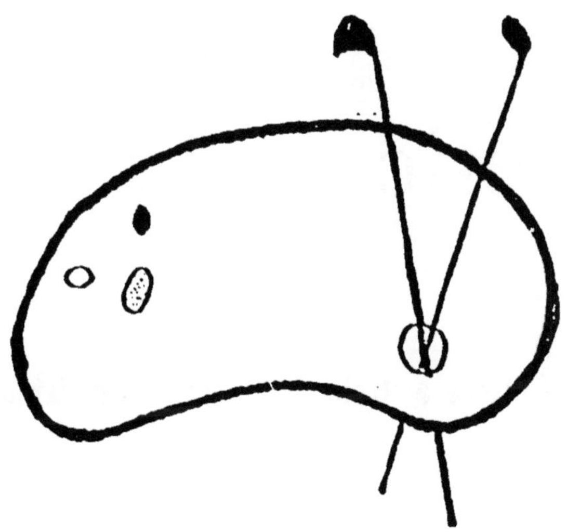

FIN D'UNE SÉRIE DE DOCUMENTS
EN COULEUR

I. BERTRAND

LA

Synagogue

et les

Elections de Mai 1898

Lettres à trois Juifs et à un Groupe d'Electeurs

PARIS

BLOUD & BARRAL, LIBRAIRES-ÉDITEURS

4, rue Madame, et rue de Rennes, 59

1898

QUELQUES MOTS EN GUISE DE PRÉFACE

J'ai pris pour titre des deux Lettres qu'on va lire et qui sont adressées, l'une à trois Juifs non talmudisants des bords du Rh..... et l'autre à un groupe d'électeurs auxquels me lie une vieille et cordiale amitié : **La Synagogue et les élections du 8 mai 1898,** *afin de ne pas englober dans la même réprobation tous les enfants d'Israël.*

Il en est parmi eux — la justice me fait un devoir de le reconnaître — qui sont restés étrangers à l'affaire Dreyfus et qui n'ont été mêlés en rien aux razzias financières de ces dernières années.

Mais le nombre en est restreint.

Autour d'eux et au-dessus d'eux s'agitent les passionnés, instruments aveugles des rabbins et des sociétés secrètes, les scribes au service d'Israël et les financiers de haut vol, banquiers et coulissiers, qui lancent les emprunts d'Etat et pratiquent l'accaparement sur une vaste échelle, sous le patronage des politiciens, nos seigneurs et maîtres.

A la ploutocratie se joint naturellement cette fraction du peuple juif, de jour en jour plus exigeante, qui a pour objectif les fonctions grassement rétribuées.

C'est à cet ensemble de tripoteurs, de militants et de budgétivores cosmopolites que je m'adresse.

Ceux qu'il me plaît de classer momentanément parmi les inoffensifs feront bien de se rappeler que les petits souffrent toujours des sottises et des méfaits dont les grands se rendent coupables.

Le jour où les Français, à bout de patience, s'apercevront qu'ils ne peuvent compter sur leur gouvernement pour les débarrasser des parasites qui les dévorent, et se décideront à agir par eux-mêmes, c'en sera fait des Juifs et de leurs milliards.

Le peuple posera sa lourde main sur tous ceux qui auront abusé de sa bonne foi, sans distinction de circoncis et de non circoncis.

Les boniments électoraux seront pris pour ce qu'ils valent; à la farce parlementaire, à l'ère des chèques, des pots-de-vin, de l'arbitraire opportuniste et des gaspillages financiers, succédera, à moins que la France ne soit condamnée à disparaître, un pouvoir fort, honnête, ami de la liberté, désireux de ramener parmi nous, avec l'union de tous les citoyens, le relèvement de l'agriculture, la prospérité du commerce et de l'industrie, le respect dû à l'armée, et cet amour du pays natal qui fit de nous, autrefois, la première nation du monde.

RÉPONSE

A

TROIS JUIFS NON TALMUDISANTS

DES BORDS DU R.....

I

Vous me demandez, Messieurs, sur un ton où perce une pointe de mauvaise humeur, ce que je pense de vos coreligionnaires. Si vous m'aviez posé cette question il y a quelques années, je vous aurais renvoyés au volume que je publiai sous ce titre : *Un monde fin de siècle* (1).

Mais, depuis lors, les événements ont marché.

Frappé de vertige, Israël s'est livré, dans l'intérêt d'un traître, à des agissements qui ont soulevé contre vous l'indignation publique.

La réponse que vous trouveriez dans mon livre ne serait pas complète.

J'aborderai donc certains détails que je négligeai alors, non, certes, que je tienne à vous être désagréable, mais parce que je voudrais vous signaler les périls qui vous menacent.

Ces périls, la plupart des vôtres, par je ne sais quel aveuglement, n'en soupçonnent pas l'existence ou les envisagent avec un superbe dédain.

Notre puissance, pensent-ils, a des bases trop solides pour que nous en redoutions la chute. Nous exerçons sur les gouvernements européens une suzeraineté contre laquelle se briseront les efforts passionnés de nos ennemis.

Vous ne cessez de répéter que vous êtes Français au même titre que nous et que l'ostracisme dont vous menace le *fanatisme clérical* serait une monstruosité.

(1) Paris, chez MM. Bloud et Barral, 4, rue Madame.

Prenez garde ! La question religieuse n'est pour rien dans la campagne dirigée contre vous.

Prendriez-vous d'aventure Rochefort pour un dévot ? Et ne savez-vous pas que les antisémites algériens sont en partie libres-penseurs ?

L'aversion dont vous êtes l'objet est due à des causes diverses. Depuis longtemps déjà, le feu couvait sous la cendre. Les manœuvres inqualifiables du syndicat Dreyfus ont fait éclater l'incendie.

Tous ceux qui suivaient de près les tripotages de la finance juive avaient la conviction qu'un jour ou l'autre vous seriez en butte à la haine du peuple.

On prétend que vous êtes doués d'une grande finesse. Il y a du vrai et du faux dans cette assertion. La confiance que vous avez en vous-mêmes vous fait commettre parfois des fautes irréparables.

L'affaire Dreyfus en est la preuve.

Entre nous, vous n'avez jamais douté de la culpabilité du traître, depuis sa condamnation par le conseil de guerre.

Sa famille elle-même sait à quoi s'en tenir.

Ce n'est donc pas dans le seul but de réhabiliter un *innocent* qu'elle a organisé un Syndicat, avec le concours de nos bons amis d'Outre-Rhin, de nos sympathiques voisins des bords de la Tamise et de nos anciens protégés, les sujets du roi Humbert.

Les scandales du Panama, le rôle inavouable joué par Von Reinach, Arton, Cornélius Herz et la banque juive ; le discrédit dans lequel sont tombés tous ceux qui ont été, de près ou de loin, mêlés aux événements dont Israël a assumé la responsabilité morale, vous ont fait comprendre que vous ne pouviez plus aspirer à un rôle politique, alors surtout que l'intervention de Reynal dans la conclusion des conventions scélérates avec les grandes Compagnies et la trahison de Dreyfus achevaient de vous mettre au ban de l'opinion.

Vous vous êtes dit que si vous parveniez, à force d'intrigues, de faux en écriture et de bruits calomnieux, à faire peser de graves soupçons sur un malheureux officier, à semer le doute et l'inquiétude dans les esprits, à mettre en suspicion l'impartialité des conseils de guerre, et à représenter l'interné de l'île du Diable comme une victime des antisémites, vous réussiriez à vous refaire une virginité.

La manœuvre était habile.

Malheureusement pour vous le commandant Esterhazy, le bouc

émissaire que vous vouliez substituer à Dreyfus, est sorti victorieux de la lutte.

C'est en vain que vous avez ameuté contre lui des écrivains prêts à tout faire, en vain que vous avez mobilisé, sous la conduite du faux alsacien Scheurer-Kestner et du vieux conspirateur Arthur Ranc, les pots-de-viniers de la Chambre et du Sénat, devenus les otages de Yousouf Reynach, le gendre du suicidé de Nivillers ; en vain que le père de *Nana* a pris sa plume de stercoraire pour discréditer l'armée au profit de Dreyfus. La boue dont le sadique romancier de la rue de Bruxelles a voulu éclabousser le conseil de guerre lui est retombée dessus.

La conduite de cet homme à la nationalité douteuse n'a pas de nom dans les langues humaines. Pour l'auteur de *Pot-Bouille,* le patriotisme n'est qu'un mot vide de sens. Son idéal, si toutefois il en a un, s'élève tout au plus à la hauteur de ce que la Mouquette, son héroïne de prédilection, étalait complaisamment.

Tout cela n'a servi de rien.

Je me trompe. La campagne de diffamation à laquelle vous vous êtes livrés vous a valu la haine et le mépris du peuple français. L'armée, que vous vouliez salir, déshonorer, a reçu partout des ovations enthousiastes. Vous avez réussi, sans le vouloir et contre votre attente, à réveiller notre patriotisme endormi.

Vous nous dites qu'en admettant — simple hypothèse — que Dreyfus soit coupable, nous ne pouvons rien en conclure contre vous.

Vous oubliez que le Robinson des îles du Salut a eu des précurseurs.

Faut-il vous rappeler les hauts faits de vos coreligionnaires en 1870-1871 ? — L'auteur de *Nancy-Juif* les a narrés avec quelque détail, et je ne sache pas que les intéressés qui vivent encore se soient avisés de protester.

Dans son n° du 30 janvier 1898, un journal de Commercy, le *Républicain de l'Est,* a reproduit le récit tristement caractéristique de M. l'abbé Hémonet.

Je prends la liberté de le lui emprunter pour l'édification de ceux qui liront ces quelques pages.

Suivez-moi avec attention. La chose en vaut la peine. Je suis persuadé qu'après m'avoir lu, vous admirerez, dans votre for intérieur, la facilité avec laquelle nous oublions le mal que nous font nos ennemis.

∴

A Wissembourg, les Juifs, ne voulant pas s'exposer aux horreurs d'un siège et foulant aux pieds *leur titre de Français,* ouvrent les poternes de la place à l'armée allemande.

A Reischoffen, ils faussent traîtreusement la dépêche de Lambach, occasionnant ainsi notre défaite, et volent le trésor de l'armée à la faveur de la déroute.

A Dannemarie, ils achèvent de démoraliser nos soldats, en faisant répandre des nouvelles alarmantes par le sous-préfet de Schélestadt.

A Metz, le Juif Mayer, reconnu coupable de trahison, se suicide afin d'échapper à l'exécution militaire ; — le Juif Jacob est fusillé dans les fossés de la ville pour avoir renseigné l'ennemi ; — le Juif Régnier est, lui aussi, condamné à mort pour crime de trahison ; — le Juif Lambert, convaincu d'avoir colporté de fausses nouvelles pour le compte des Prussiens, n'échappe au châtiment que par la fuite.

A Nancy, le Juif Jacob Lévy est condamné à cinq ans de réclusion pour accointances avec les armées allemandes.

A Toul, le sous-préfet juif Lambert brûle la clef des dépêches, afin que la place ne puisse pas recevoir les renforts qu'on lui offrait à la veille du siège.

Quelque temps avant la déclaration de guerre, les Juifs qui avaient, comme plus tard sous la République, leurs entrées dans les bureaux de l'état-major, livrent aux Prussiens nos cartes et nos plans de campagne.

Les Juifs préposés à la direction des troupes et du matériel envoient à de fausses destinations nos munitions et nos régiments et réussissent à faire tuer 30.000 Français, au moyen de cette manœuvre.

La feuille de Commercy rappelle un autre fait aujourd'hui oublié.

Chaque fois, dit-elle, que nous éprouvions un échec, les Juifs se répandaient de tous côtés et annonçaient une victoire.

Pourquoi ? me demanderez-vous.

En vue d'un résultat qu'Israël escomptait d'avance.

Le 6 août 1870, les financiers de la Synagogue se font télégraphier de la frontière que nous avons battu l'ennemi, pour jouer à la hausse. Le lendemain, la nouvelle de notre défaite à

Reischoffen, nouvelle qu'ils connaissaient la veille, arrive à Paris et une baisse formidable entraine, à leur profit, la ruine de plusieurs milliers de familles.

Voici un autre fait généralement peu connu.

Plusieurs de nos régiments avaient des circoncis comme chefs de musique. Désireux de servir le roi de Prusse à leur façon, les rusés sémites sonnaient la retraite, sans en avoir reçu l'ordre, toutes les fois que la victoire souriait à nos soldats.

A l'intendance, où ils s'étaient faufilés, les Juifs égaraient les vivres ou leur faisaient prendre une mauvaise direction et procuraient ainsi à leurs coreligionnaires le moyen de vendre leurs réserves au poids de l'or.

Savez-vous qui se chargea de guider la voiture de Guillaume depuis Montauville jusqu'à Commercy? — Un Juif de Thiaucourt.

A Pont-à-Mousson, un Juif, qui descendait probablement de Judas Iscariote, marchait en tête de la colonne allemande qui fit la première son entrée dans la ville.

A Toul, le soir de la reddition de la place, un Juif dénonça au colonel prussien qui commandait l'avant-garde l'endroit où les officiers français avaient caché leurs effets de valeur.

La guerre de 1870-1871 a été un désastre pour les populations de l'Est et une bonne fortune pour les fils d'Abraham.

Une preuve entre mille :

Les circoncis de Thiaucourt, de Nancy et de Lunéville se concertaient avec les chefs ennemis pour réquisitionner le bétail en quantité plus grande que besoin n'était. Le surplus servait à alimenter les boucheries israélites.

Les Allemands payaient ainsi les services que leur rendaient les Juifs.

∴

Je pourrais poursuivre cette énumération plusieurs pages durant.

Mais à quoi bon?

Je tenais à vous prouver que Dreyfus avait eu des précurseurs, tous enfants d'Israël. Ne vous semble-t-il pas que la preuve est faite? Les coquins que les bureaux de la Guerre et de l'Intendance abritaient à la fin de l'Empire, et qui trahirent impunément la patrie française, ont été d'un mauvais exemple pour le condamné de 1894. Il espérait sans doute que, comme eux, il échapperait à la vindicte des lois, à la faveur d'une nouvelle invasion.

Jusqu'ici, vous aviez pu, sans soulever contre vous l'animadversion publique, nous dépouiller de nos économies. Les plaintes de ceux que vous aviez réduits à la misère trouvaient, il est vrai, un écho dans la presse indépendante, que Zola qualifie d'immonde, lui dont la littérature provoque des nausées ; mais cela ne vous touchait ni ne vous arrachait à votre quiétude.

Vous pensiez, non sans quelque raison, pourquoi ne pas le reconnaitre ? que le Français est fait pour être tondu.

Partant de ce principe, vous vous êtes emparés de notre commerce. Vous avez organisé un peu partout ces immenses bazars où s'entassent les articles les plus disparates et qui entraîneront la ruine des petits boutiquiers. Nos grandes industries sont devenues vos tributaires, quand elles ne sont pas tombées en votre pouvoir. Vous avez successivement accaparé, au mépris de la loi, grâce à la complicité des enjuivés qui nous gouvernent, les cuivres, les pétroles, les cafés, les sucres, les céréales, etc. La Banque de France est devenue votre chose à vous, par le fait d'un Parlement dont la majorité n'est plus à vendre et de ministres incapables ou félons. Vous avez fait sombrer tous les établissements financiers qui vous gênaient. — Puis, sont venus les emprunts d'Etat, le Turc, le Honduras, le Portugais, le Grec, sans parler de l'Italien qui ne vaut guère mieux, emprunts aussi désastreux pour les porteurs de titres que pour les emprunteurs.

Seul, Israël a réalisé des bénéfices que le *Matin*, un journal qui ne vous est pas hostile, évalue à 20 MILLIARDS.

A la suite de ces razzias scandaleuses, vous avez éprouvé le besoin de vous construire de splendides hôtels, de vous installer dans nos châteaux historiques, de disposer, pour vos chasses, des forêts de l'Etat, et d'étaler un luxe aussi coûteux que de mauvais goût, le Juif sentant toujours le ghetto, quelles que soient les précautions qu'il prenne.

A un moment donné, vous occupiez quarante-deux préfectures. C'était la mainmise d'une infime minorité sur l'administration de notre pays.

Mais votre ambition ne s'est pas bornée là.

Vous avez envahi les parquets, les tribunaux de première instance, les Cours d'appel, le barreau, les Facultés de l'Etat, les grandes compagnies, les trésoreries, l'armée, le Parlement.

Les politiciens du Luxembourg et du Palais Bourbon sont devenus vos hommes-liges, vos valets à tout faire. Les ministres vous obéissent au doigt et à l'œil. La presse, en grande partie, fait fumer devant vous ses cassolettes et ne dit que ce que vous lui permettez de dire.

Vous pensiez, il y a quelques mois à peine, que les temps messianiques prédits par les prophètes avaient sonné et que, désormais, les autres peuples seraient contraints de subir votre joug.

Eh bien, vous vous trompiez.

Le Français est poli, doux, hospitalier. Il accueille les étrangers avec bienveillance.

Mais il y a des bornes à tout, et sa mansuétude, lorsqu'on en abuse, se change en emportements terribles. Vous avez pu le constater au moment du procès Zola.

Etes-vous sûrs que ce peuple, dont vous avez mis la patience à l'épreuve, ne vous dépouillera pas, le moment venu, de ce que vous lui avez pris? Est-ce qu'irrité de vos empiètements et las de vos rapines, il n'imposera pas à ses mandataires l'ordre de vous fermer l'accès des fonctions publiques? N'exigera-t-il pas du gouvernement que vos opérations financières et commerciales soient soumises à un contrôle sévère? Ne lui signifiera-t-il pas de débarrasser la Bourse, devenue la caverne d'Ali-Baba, des pillards d'Outre-Rhin qui la déshonorent? Ne se rappellera-t-il pas, à un moment donné, qu'il fut un temps où nos pères, ruinés par les Juifs, obtenaient de leurs rois que les sangsues d'Israël fussent expulsées, après avoir été préalablement allégées du bien mal acquis?

Vous prétendez, je le sais, qu'un siècle de lumières doit avoir un autre idéal que l'intolérance du Moyen Age.

La tolérance et l'intolérance n'ont rien à voir ici.

En procédant comme ils le faisaient, nos aïeux prouvaient qu'ils avaient le sentiment de la justice et savaient revendiquer leurs droits.

N'oubliez pas que l'histoire se répète.

Hier, vous étiez tout-puissants. Aujourd'hui vous êtes cloués au pilori.

Est-ce que les manifestations dont la France vient d'être le théâtre ne vous ont pas ouvert les yeux?

Si les protestations du pays tout entier contre le Syndicat, si les cris : Vive l'armée, à bas les Juifs ! sont passés inaperçus pour vous, si vous avez pris cette explosion de l'indignation populaire pour un mouvement passager dont il ne sera plus question demain, c'est que vous êtes atteints de cécité, de cette cécité dont les dieux, au dire des anciens, frappaient ceux qu'ils voulaient perdre.

Quels sont les amis qui vous restent ?

Les faméliques de la presse qui mettent leur plume et leurs convictions de rechange au service du plus offrant, un assoiffé de réclame comme Zola, quelques parpaillots fanatiques dont les tendances antifrançaises retardent de trois siècles, les parlementaires qu'hypnotise le souvenir du Panama et des chemins de fer du Sud, et que le gendre de Von Reinach tient en laisse, une poignée d'anarchistes qui ne trouvent rien de mieux que de crier : A bas la France ! après avoir crié : Vive Dreyfus ! et les dissidents du socialisme qu'aveuglent leurs accointances familiales et la haine de l'armée.

Hors de là, vous n'avez plus un seul partisan.

Les jeunes vous sont violemment hostiles. L'antisémitisme a germé et grandi dans ces âmes ardentes et généreuses, grâce aux abus dont les vôtres se sont rendus coupables et aux scandales que nous signale chaque jour la presse indépendante.

Pensiez-vous, lorsque parut la *France Juive*, que l'idée de Drumont ferait aussi rapidement son chemin ? La passion du négoce dominant chez vous toutes les autres préoccupations, vous vous disiez : « L'auteur vise un succès de librairie. Ce succès une fois atteint, il en palpera les bénéfices, et ce sera fini. »

Le but que se proposait Drumont, en publiant son livre, vous le connaissez maintenant. Il a voulu signaler à ses contemporains les agissements ténébreux de la race de Sem, sa haine du goy, son esprit de domination et ses rapines.

Frappés de la clairvoyance du brillant écrivain, autant sinon plus que de son courage et de son merveilleux talent, tous les Français dignes de ce nom ont applaudi des deux mains à sa vaillante initiative.

Le jour de sa dégradation, Dreyfus laissa, parait-il, échapper cette parole menaçante : « Ma race me vengera sur la vôtre. »

Voulant réaliser la prophétie du traître, les syndicataires ont fait appel aux finances d'Israël, sans négliger les fonds secrets de la Triplice.

La Synagogue ne doutait plus, à un moment donné, du succès de ses manœuvres.

Tout était combiné avec une habileté satanique.

Les chefs de la conspiration avaient recruté parmi les membres les plus tarés du Parlement des partisans dénués de scrupules. Le ministère Méline qui, d'un mot, aurait pu tout arrêter, laissait faire, comme si le salut de la France et l'honneur de l'armée ne l'avaient intéressé en rien.

Le chef du cabinet parlait, à la tribune du Sénat, de son *excellent ami* Scheurer-Kestner, auquel il n'avait, déclarait-il, aucun reproche à faire. Il avouait même, avec une sorte de cynisme inconscient, qu'il lui avait indiqué la marche à suivre pour obtenir la revision du procès Dreyfus.

Le ministre de la Guerre, oubliant, de son côté, que l'armée française est placée sous sa sauvegarde, se cantonnait dans un silence que je m'abstiens de qualifier.

Darlan et Milliard, qui se sont succédé au ministère de la Justice, dissimulaient à peine leurs sympathies pour le Syndicat.

Les hautes classes de la société, autrefois si française, restaient muettes, trouvant sans doute qu'elles ne pouvaient, sans faire preuve de mauvais goût, entrer en lutte avec la Juiverie représentée par les bailleurs de fonds qui arrosent, depuis six mois, brochuriers d'occasion et journalistes à vendre.

La fréquentation du *Figaro*, messeigneurs, vous a été funeste. Vous auriez dû, pour l'honneur de votre nom, ne pas fausser compagnie à la *Gazette de France*, qui n'a pas cru déroger en marchant côte à côte avec les antisémites.

Cela dit, messieurs de la Synagogue, je fais des vœux pour que, mieux inspirés, vous renonciez enfin à vos vieux errements.

Les lettres de naturalisation que la France vous a octroyées n'ont servi de rien. Vous êtes aujourd'hui ce que vous étiez il y a deux cents ans. Pour vous, le titre de Français équivaut à un permis de séjour qui, par la plus bizarre des anomalies, vous assimile légalement à la population indigène, sans que vous cessiez pour cela d'être un peuple distinct du peuple français.

Quoique dispersés aux quatre coins du monde, vous conservez votre autonomie. Vos écrivains n'hésitent pas à le proclamer. Et partout où vous réussissez à asseoir votre influence, vous éprouvez le besoin de traiter les peuples qui vous ont donné l'hospitalité, comme vos pères, jadis, traitaient les Amalécites.

Agréez, Messieurs, etc.

I. Bertrand.

LETTRE

A UN GROUPE D'ÉLECTEURS

Mes chers Amis,

Je viens de formuler à l'adresse des classes dirigeantes une appréciation que les intéressés ne trouveront pas de leur goût.

A cela je répondrai qu'entre Français et honnêtes gens, on se doit la vérité. Aux réflexions que m'a suggérées la clientèle *sélect* du *Figaro,* j'en ajouterai une autre, dont l'importance ne saurait vous échapper, étant donnés les événements qui viennent de se produire.

La voici :

Je ne comprends pas qu'une partie de la noblesse aille au-devant de certaines alliances dont la seule pensée eût fait bondir la vieille aristocratie, justement fière des titres qu'elle avait gagnés sur les champs de bataille.

On nous dit, je le sais, pour expliquer et justifier ces compromissions, que l'*homme élève la femme et l'anoblit.*

L'aphorisme est connu, messeigneurs, et j'avoue qu'il ne manquait pas de vérité lorsque vos pères épousaient de jeunes et vaillantes plébéiennes de race française.

Mais je doute qu'ils eussent consenti à faire d'une Juive la mère de leurs enfants.

Ils auraient craint que l'héritier de leur nom ne vînt au monde avec un chiffon de drap jaune au milieu du dos et portant sur l'épaule, en guise de blason, une meule à rogner les ducats.

Veuillez m'en croire, messieurs ; vous n'anoblissez pas la femme, mais la femme vous enjuive.

C'est sa vengeance à elle, car elle sait que vous la faites asseoir à votre foyer pour les beaux yeux de la caisse qui fait partie de son trousseau et non pour les grâces souvent problématiques de sa personne.

« Les temps héroïques sont passés ! », disait Gambetta.

C'est à vous que le mot s'appliquait.

La cote de la Bourse a remplacé la fière devise des anciens preux, depuis que le sang d'Issachar et de Zabulon coule dans les veines de vos enfants.

Si le pays se relève de l'état d'abaissement où il est tombé, ce sera par le peuple : non par cette fraction du peuple que les ambitieux, les meurt-de-faim de la politique, les pots-de-viniers et les mercenaires de la presse au service des Loges et de la Synagogue ont dévoyée, mais par ce peuple croyant, économe, laborieux et fier dont le patriotisme a conservé toute sa vigueur.

L'indignation de la jeunesse plébéienne, en présence de la trahison de Dreyfus et des scandales organisés par le Sanhédrin, a quelque chose de consolant pour ceux que l'idée de patrie ne laisse pas insensibles.

∴

Un journal de Nancy (1) a publié, dans son numéro du 3 février, la liste tristement suggestive des membres de la noblesse qui se sont alliés à des familles juives.

« Les descendants des preux, écrit la feuille nancéenne, sans « bruit, sans assassinat, sans bris de boutiques, ont trouvé « moyen de prendre possession de l'argent des Juifs », et les Juifs de prendre possession de la France, aurait dû ajouter l'*Impartial*.

« Voici une liste de marquis, de comtes, de princes qui n'ont « pas cru déroger en se mésalliant avec des juives. Quelques « noms seulement choisis parmi les plus sélects :

Prince de Ligne....................	Demoiselle de Rothschild.
Prince de Wagram..................	Autre Mlle de Rothschild.
Duc de Grammont..................	—
Duc de Rivoli.......................	Mlle de Furiado.
Prince Murat........................	Fille de la précédente.
Prince de Polignac..................	Mlle Mirès.
Duc de Richelieu....................	Mlle Heine.
Duc d'Elchingen....................	Autre demoiselle Heine.
Duc d'Etampes......................	Mlle Raminghen.
Marquis de Plancy..................	Mlle Oppenheim.
Marquis de Salignac-Fénelon.......	Mlle Hertz.

(1) *L'Impartial.*

Marquis de Las Marmies............	Mlle Jacob.
Prince della Rocca.................	Mlle Embdenheim.
Marquis de Breteuil................	Mlle Fould.
Vicomte de la Panoux.............	Mlle Heilbronn.
Marquis de Rochechouart...........	Mlle Erard.
Marquis de Taillis.................	Mlle Cahen, d'Anvers.
Prince de Lucinge-Faucigny........	— —
Marquis de Saint-Jean de Lentilhac..	Mlle Hermann-Oppenheim.
Vicomte de Quelen.................	— —
Baron de Baye....................	— —
Duc de Castries...................	Mlle Sina.
Comte d'Harcourt..................	—
Duc de la Rochefoucauld...........	Mlle Rumboldt.
Marquis Violet de Presle...........	Mlle Klein.
Marquis de Grouchy...............	Mlle Haber.
Comte Legrand de Villers...........	—
Vicomte de Behague...............	—
Vicomte de Kerjégu...............	—
Marquis de Monnay................	Mlle de Villers-Haber.
Marquis de Noailles...............	Mlle de Greffulhe-Lackman. »

Il y a bien des lacunes dans ce tableau.

Je ne pourrais le compléter qu'en me livrant à un travail aussi long que fastidieux. Tel qu'il est, vous le trouverez suffisant pour justifier la conclusion que je veux en tirer, savoir : qu'Israël a mis la main sur une partie de nos familles aristocratiques, dans le but à peine dissimulé de jouer un rôle politique prépondérant.

Pendant que les barons allemands passaient leurs filles aux jeunes viveurs dont les cascades échevelées avaient dédoré le blason, les sémites appartenant au petit commerce trouvaient dans le parti socialiste militant des gendres à tout faire, y compris le métier de candidat. C'est ainsi que la pieuvre a réussi à étendre ses tentacules sur les classes laborieuses.

Israël est dans le négoce et l'industrie. Il a donc intérêt à ne pas s'aliéner les travailleurs.

Le député socialiste dont il a fait son affranchi sera le bon génie qui le soustraira à l'ire du peuple en déclamant contre les cléricaux.

Voici plus de vingt ans que le Juif a recours à ce genre de diversion.

Le despotisme du clergé, les empiètements des Ordres religieux, l'intolérance des évêques, la domination de Rome, le Syllabus ! le Sylllabuss ! ! ! autant de thèmes à harangues enflammées et bêtes dont l'orateur socialiste inféodé à la Synagogue se servira pour détourner l'attention de populo des innombrables méfaits de son circoncis de beau-père.

A son tour, la bourgeoisie libre-penseuse, dans les rangs de laquelle se recrute l'opportunisme, ne dédaigne pas de briguer la main des Rébecca d'occasion dont les charmes sont relevés à ses yeux par des titres bien cotés à la Bourse.

Lorsque la liquidation de fin de mois est satisfaisante, Joseph Prudhomme s'élève, avec le genre d'éloquence qui le caractérise, contre l'antisémitisme, cette guerre de religion renouvelée de la barbarie du Moyen âge.

Une fois enjuivé, le jeune bourgeois peut aspirer à tout. Magistrature, armée, barreau, administration, etc., autant de carrières qui lui sont ouvertes. Malheur au chrétien qui tombera sous sa coupe, s'il a maille à partir avec un descendant des douze tribus! Ne faut-il pas qu'il se fasse pardonner son baptême? C'est le moins qu'on puisse exiger de lui. Qui sait? Peut-être qu'Israël aurait eu le droit de lui demander autre chose en l'admettant parmi les siens. Brrr!

Non content de participer aux petites vilenies dont les sectateurs du Talmud sont coutumiers, il ira, s'il le faut, jusqu'à l'apostasie.

On lui apprendra que le Grand Orient et le Sanhédrin sont de *mèche,* la Franc-Maçonnerie descendant en ligne directe de la Cabale Juive (1).

Etonnez-vous, après cela, qu'aucune Loge n'ait rompu le silence pour flétrir les menées du Syndicat de trahison!

Cette réserve des Ateliers maçonniques, si loquaces d'ordinaire, est significative. Nous savons, d'ailleurs, que les Frères Trois Points ont déclaré, dans leurs tenues d'il y a quelques années, que l'Alsace-Lorraine doit rester annexée à l'Allemagne sans esprit de retour.

On ne comprend le rôle antifrançais de la Maçonnerie que lorsqu'on sait que les *rares initiés* de la secte sont étroitement unis aux membres militants du judaïsme (2).

Beaucoup de gens s'étonnent de l'intervention des protestants dans l'affaire Dreyfus, intervention passionnée, suant la mauvaise foi, contre laquelle se sont élevés quelques dissidents au patriotisme desquels je suis heureux de rendre hommage.

(1) Le Conseil suprême de la secte maçonnique se compose de neuf membres, dont cinq doivent être Juifs.

(2) Gougenot des Mousseaux, *Le Juif*, p. 340.

La raison de ce phénomène, vous dirait Eliphas Lévi, qui savait à quoi s'en tenir, vous la trouverez dans ce fait que la grande association cabalistique connue de nos jours sous le nom de Franc-Maçonnerie, porta celui de Réforme, au XVIe siècle, et réussit à démembrer l'unité catholique (1).

En France, comme en Angleterre et en Allemagne, la plupart des ministres protestants appartiennent aux Loges, une juiverie artificielle dont les trois quarts des membres jouent un rôle de dupes.

C'est de la Synagogue, appuyée par les protestants et la Maçonnerie, qu'est venue la persécution dirigée contre l'Eglise.

Comment se fait-il que cette poignée de conspirateurs ait réussi à mettre la France en péril?

« Ville vénale, s'écriait Jugurtha, en parlant de Rome, tu n'at- « tends pour te vendre que l'arrivée d'un acheteur! »

Le prince numide parlait en connaissance de cause. Il avait corrompu les sénateurs, et des généraux envoyés contre lui, un seul, Cæcilius Métellus, repoussa ses présents et eut la gloire de le vaincre.

Battu, humilié, Jugurtha quitta ses états en fugitif et s'en alla mendier des secours chez les barbares. Livré aux Romains par son beau-père, il fut emmené captif à Rome, attaché au char de triomphe de Marius et jeté dans un cachot où il mourut de faim.

Maître de l'or, le Juif répète volontiers le mot de Jugurtha. Son assurance lui vient des consciences à vendre qu'il a trouvées au Luxembourg et au Palais Bourbon.

Toussenel écrivait déjà en 1847 : « Le Roi peut nommer aux « fonctions d'officier et de juge, à des emplois dont les titulaires « jouissent d'un traitement de douze cents à trois mille francs; « mais tous les emplois élevés ou lucratifs de la France, voire « ceux de la magistrature, sont à la nomination du Juif. C'est le « Juif qui distribue les recettes générales à ses pieux serviteurs « et destitue les receveurs généraux qui le gênent. »

L'auteur du *Juif roi de l'époque* ajoutait, quelques lignes plus loin : « Je défie le Roi et les Chambres de faire un traité d'alliance « douanière, un traité de coton, de houille, de fer, dont le Juif ne « veuille pas! Anzin n'a pas voulu de la réunion de la Belgique à « la France et cette réunion n'a pas eu lieu..... Avant que la loi « eût concédé les chemins de fer au Juif, tout voyageur pouvait « circuler librement sur la grande route, *sur le pavé du Roi.*

(1) Eliphas Lévi, *Histoire de la Magie.*

« Depuis que toute voie de communication, railways, canaux, « rivières sont au Juif, nul n'y peut plus passer sans lui payer « tribut. »

Le peuple a-t-il gagné quelque chose à la domination d'Israël ? Toussenel va répondre :

« Les travailleurs, dit-il, qui s'exténuent et meurent à la peine, « sur les trois quarts de la superficie du globe, travaillent « pour enrichir quelques milliers de nababs fainéants de Juda, « d'Amsterdam et de Londres (1). »

Eh bien, ces nababs de Juda et autres lieux sont trop avisés pour ne pas se rendre compte du danger que leur fait courir leur rôle de parasites.

Que feront-ils pour échapper à la haine du peuple ?

Ils accuseront les Filles de la Charité, dont la vie se passe au service des malheureux, d'accaparer la fortune du pays, et demanderont au pouvoir de les frapper d'un impôt que rien ne justifie.

Grâce aux milliards qu'il possède, Israël impose ses volontés aux souverains et fait marcher les républiques. « Ne tient-il pas « entre les mains, dit Cerfberr, un écrivain d'origine juive, les « fils de toutes les Sociétés secrètes qui gouvernent aujourd'hui « les plus puissants Etats de la terre ? »

L'*Univers Israélite*, s'adressant aux religieux dans la personne de l'un d'entre eux, écrivait ces deux lignes, que je livre aux méditations de ceux qui savent encore réfléchir : « Personne ne « serait assez fort pour demander l'expulsion des Juifs, tandis « que les chrétiens pétitionnent aujourd'hui pour obtenir la « vôtre (2). »

— La feuille sémite aurait pu ajouter : « Et un jour viendra où « vous serez arrachés de vos cellules et jetés dans la rue, en « dépit de votre qualité de Français. Ceux d'entre vous qui « réussiront, de par la loi, à rentrer en possession de leurs biens, « seront l'objet de mesures fiscales qui les ruineront, alors que nos « fortunes à nous iront sans cesse grandissant sous l'œil paternel « de la République. »

— Et si le religieux avait répondu : « Vous oubliez que le sen- « timent de la patrie n'est pas encore éteint dans le cœur de « nos compatriotes. L'opinion se révoltera contre des procédés « qu'aucun gouvernement civilisé n'oserait se permettre à l'égard « des étrangers eux-mêmes. »

(1) Toussenel, *Les Juifs rois de l'époque*.
(2) *Univers Israélite*, septembre 1861.

— « Erreur, se serait empressé de riposter le Juif. Le pouvoir « vous persécutera, s'il nous plait que vous soyez persécutés. « Exclusivement composé d'adeptes, il nous obéit avec une doci- « lité d'esclave. Le jour où il s'aviserait de faire preuve d'indé- « pendance, nous le briserions comme verre. Quant à l'opinion « publique, elle vous fera défaut, par l'excellente raison que la « presse la dirige et que la presse est à nous. »

Ces théories, qui sont celles d'Israël, vous expliquent l'audace dont le Syndicat a fait preuve dans l'affaire Dreyfus.

Le ministère Méline était prêt à entrer dans les vues de Scheurer-Kestner et de Mathieu Dreyfus. Seuls les généraux, que ces politiciens de malheur se résignaient à sacrifier, pour ne pas déplaire à la Synagogue, ont sauvé l'honneur du pays et réveillé dans les âmes françaises le patriotisme qui sommeillait.

Or, pendant que l'Etat-Major luttait en Cour d'assises, le ministre de la Guerre, absorbé sans doute par le souvenir de son immortelle campagne de Frigolet, oubliait que ceux dont les hasards de la politique l'ont fait le chef étaient vilipendés, traînés dans la boue par des robins sans pudeur et un écrivain dépourvu de sens moral.

Valet d'Israël, le ministère ne s'est arrêté dans la voie où le poussaient les loups-cerviers de la haute banque, que lorsque les clameurs indignées du peuple se sont fait entendre.

La peur de l'électeur a été pour lui le commencement de la sagesse.

Grâce à l'aveugle obstination des Juifs et aux scandaleuses tergiversations du pouvoir, la France est devenue antisémite.

Méline et Billot ont compris le danger qu'il y aurait pour eux à vouloir endiguer le courant populaire, et il se sont résignés à abandonner le Robinson de l'île du Diable à son malheureux sort..... du moins provisoirement.

Les électeurs feront bien de prendre pour ce qu'elle vaut la nouvelle attitude du Cabinet. Méline et Billot ont marché comme des chiens qu'on fouette, et si le garde des sceaux est resté dans la coulisse, au lieu de s'associer à l'œuvre antipatriotique de son copain, le vieux Scheurer, c'est qu'il craignait pour le marocain qu'une fortune aveugle lui a vissé sous le bras.

Jusqu'après les élections, les caméléons du Cabinet garderont l'attitude que l'opinion publique leur a imposée, attitude équivoque à laquelle les imbéciles seuls peuvent se laisser prendre.

Lorsque le moment d'aller aux urnes sera venu, n'oubliez pas que les acolytes des Juifs traîtres à la patrie appartiennent tous ou presque tous soit aux Loges maçonniques, soit à la secte de Calvin.

Je comprends que les enjuivés de la Chambre et du Sénat se fassent les séides de la Synagogue.

Ce que mon patriotisme et ma raison se refusent à admettre, c'est que 18 ralliés se disant catholiques aient cru pouvoir voter l'ordre du jour de confiance mendié par le Ministère à propos de l'interpellation sur les troubles d'Alger.

Ces anciens monarchistes s'imaginent sans doute que le ralliement consiste à opiner du bonnet et à répéter : « Excellence, vous avez raison ! » toutes les fois que Méline ou Barthou, imitateurs incongrus du brigadier de Nadaud, s'avisent, sans souci des convenances puériles et honnêtes, de *faire entendre un vague son.*

Vous oubliez, ne manqueront pas de me dire les porte-coton du Cabinet, que le Souverain Pontife vous impose le devoir de vous rallier au gouvernement que la France s'est donné.

Que la France s'est donné ?... Soit !

Cela dit, voulez-vous, citoyens, que nous raisonnions un peu ?

Et, d'abord, permettez-moi de vous poser une question.

Etes-vous sûrs que Léon XIII me fasse un devoir de conscience de crier : Vive la République ! Si vous arrivez à me prouver que telle est la volonté du Pape, qui sait mieux que personne qu'il y a république et république comme il y a fagot et fagot, je m'engage à verser cinquante francs à la caisse du comité qui fait frapper une médaille en l'honneur de Zola, pourvu toutefois que l'envers de la Mouquette ne figure pas à l'envers de ladite médaille.

Admettons un instant que le Chef de l'Eglise ait déclaré *ex cathedrâ* que la République, sans épithète, est un gouvernement de droit divin. Pensez-vous qu'il m'oblige, par là même, à accepter, les yeux fermés, toutes les lois que des aventuriers portant l'étiquette de républicains jugeront à propos de fabriquer ?

Voyons, citoyens opportunistes, est-ce à votre système économique que je dois me rallier ?

Mais vous savez comme moi, à moins qu'il n'y ait chez vous aberration mentale, que le commerce et l'industrie agonisent, depuis que vous êtes au pouvoir. Vous n'ignorez pas davantage que l'agriculture est dans le marasme, à telles enseignes que les campagnes se dépeuplent et que les champs finiront par rester en friche, faute de bras pour les cultiver. Ne vous répète-t-on pas sans cesse que l'agriculteur français est condamné à vendre son blé au-dessous du prix de revient et qu'il ne réussit à payer les impôts de jour en jour plus onéreux qui pèsent sur lui qu'au prix de cruelles privations? Qui ne sait que le commerce des céréales est devenu, par votre fait, le monopole de neuf ou dix spéculateurs, dont huit au moins sont étrangers et appartiennent à la juiverie cosmopolite? Il y a cent ans, on accrochait à la lanterne des accapareurs moins dangereux que ceux-là, car ils pourraient, en cas de guerre, affamer le peuple et l'armée au profit de la Triplice.

Faut-il vous rappeler que les sucres, les cafés, les pétroles et autres produits non moins utiles sont monopolisés, tout comme les céréales, par une douzaine de coquins qui s'abritent sous votre patronage et foulent aux pieds la loi que vous avez pour mission de faire respecter?

Est-ce vos procédés financiers que je dois proposer à l'admiration de mes lecteurs?

Mais les charges qui pèsent sur les contribuables deviennent de jour en jour plus écrasantes, si bien que le rapporteur du budget, M. Krantz, qui est un des vôtres, n'a pu s'empêcher de vous montrer se dressant à l'horizon le spectre de la banqueroute. « Les retraites militaires et civiles, s'est-il écrié, sont, il « faut le dire à la Chambre, une des causes principales de l'éven- « tualité d'une BANQUEROUTE FUTURE que la sagesse de la Chambre « peut seule conjurer. » Il a ajouté : « Il faut s'arrêter dans cette « voie. Je termine en demandant à la Chambre de repousser « l'amendement de M. Jonnart, si elle veut éviter le chemin de la « BANQUEROUTE. »

Le chemin de la banqueroute? Vous y êtes entrés depuis déjà longtemps.

Votre situation financière ressemble à s'y méprendre à celle du Directoire, alors que ce gouvernement, dont le vôtre est un facsimilé tristement réussi, se préparait à faire la culbute.

Le taux de la rente qui était de 5 pour cent, il y a quelques années, est aujourd'hui de 3 et de 2 fr. 50 et ne tardera pas à descendre plus bas encore, à la suite des conversions nouvelles que vous préparez.

Cette opération portait autrefois le nom de concordat.

Or, vous savez que le concordat est la préface ordinaire de la faillite.

Un moment viendra, et ce moment n'est pas éloigné, où toutes les ressources du petit rentier seront absorbées par le Fisc dont l'avide rapacité devient chaque jour plus inquiétante.

Ajoutez à cela que tout se vend au poids de l'or.

Bientôt, nous serons réduits à manger du pain noir et à boire de l'eau, pourvu, toutefois, que nous habitions la campagne et à proximité d'une source, car tout le monde sait que dans la plupart des villes le prix de l'eau potable n'est pas à la portée de toutes les bourses.

Ces considérations laissent indifférents les aimables citoyens que le suffrage universel — ce modèle des gogos — a bêtement investis et investira probablement encore du droit de prélever, bon an mal an, quatre milliards sur nos économies.

Sénateurs et députés se gênent d'autant moins pour nous saigner à blanc que la plupart d'entre eux n'ont rien à démêler avec le percepteur, et qu'en dehors de leur indemnité parlementaire, ils trouvent le moyen, les uns de se faire adjuger des jetons de présence par les sociétés plus ou moins véreuses qu'ils patronnent, les autres, de collectionner les pots-de-vin que leur offrent, aux dépens des actionnaires, les grands faiseurs de la juiverie.

Si nous nous plaçons sur le terrain de la liberté et de l'égalité devant la loi, le ralliement pur et simple devient un crime doublé d'une duperie.

Un c tholique peut-il se taire en présence du droit que s'arroge un pouvoir athée de s'immiscer dans l'administration des conseils de fabrique?

Peut-il accepter sans mot dire les suppressions de traitements que le Ministre des cultes inflige, sans souci de la légalité, aux curés de campagne qui ont déplu au député de l'endroit ou à l'un de ses grands électeurs?

Peut-il ne pas protester contre la neutralité scolaire, neutralité menteuse qui met le prêtre dans l'impossibilité morale de donner à l'enfant l'instruction religieuse réclamée par ses parents, si l'instituteur ou l'institutrice ne s'y prêtent obligeamment, au risque de déplaire en haut lieu et d'encourir une disgrâce?

Les théories de l'opportunisme sur l'éducation sont renouvelées de la Convention. Comme alors on pose en principe que l'enfant appartient à l'Etat avant d'appartenir à la famille, et que l'Etat a le droit de façonner à sa guise l'âme de l'enfant, de l'enfant du pauvre, bien entendu, car nos législateurs ne veulent pas de l'enseignement sans Dieu pour leur progéniture.

Leurs filles sont élevées dans des couvents, dont ils font vendre les propriétés, et leurs fils dans les lycées, où ils reçoivent une instruction religieuse telle que peuvent la désirer les familles chrétiennes.

Une question se pose naturellement ici :

Comment se fait-il que le curé soit exclu de l'école primaire, fréquentée par les enfants du peuple, pendant que l'aumônier occupe dans les lycées un poste officiel? Je mets au défi le citoyen Rambaud de me faire une réponse qui ne soit pas un outrage aux lois de la logique et la négation de l'égalité devant la loi.

∴

Quelle est, mes chers amis, la conclusion pratique à tirer de ce qui précède ?

La voici en peu de mots :

Députés sortants et candidats frais émoulus sont en train de verser sur leurs auditeurs des flots d'éloquence..... disons parlementaire, afin d'être poli.

Les anciens — les chevaux de retour, comme les appelle un journaliste dénué de respect — font valoir, dans la mesure du possible, les services qu'ils ont rendus, ou qu'ils avaient promis de rendre, ce qui n'est pas la même chose, les projets de loi qu'ils ont présentés, les amendements qu'ils ont défendus, les économies qu'ils ont tenté de réaliser, les votes qu'ils ont émis pour assurer la prospérité du pays, développer nos relations commerciales avec l'étranger et défendre les libertés publiques.

N'oubliez pas que tout peut être plaidé et qu'il n'est pas de mauvaise cause qui ne trouve un avocat.

Méfiez-vous donc des plaidoiries *pro domo* des parlementaires en quête d'un nouveau mandat. Ils sont hardis, parce qu'ils savent que les électeurs connaissent peu leurs faits et gestes, et que, les connussent-ils, la plupart d'entre eux n'oseraient pas les prendre à partie devant un nombreux auditoire.

Les nouveaux venus déclarent que députés et sénateurs compromettent, depuis vingt-cinq ans, les intérêts de la France. Ils sont d'avis que si le pays veut échapper à une ruine complète, inévitable, il n'a qu'une chose à faire, congédier un personnel non seulement incapable, mais étranger, en partie du moins, aux sentiments d'honneur et de haute probité que l'on est en droit d'exiger d'un gouvernement, alors surtout que ce gouvernement s'appuie sur le suffrage universel.

« Décidés à rendre à la France son prestige, hélas ! bien compromis, nous venons, poursuivent-ils, solliciter vos suffrages. Vous trouverez en nous des hommes convaincus, décidés à marcher de progrès en progrès, en dépit des obstacles. »

Voulez-vous m'en croire, mes amis ? N'acceptez ces belles

théories, d'où qu'elles viennent, que sous bénéfice d'inventaire. Les professions de foi — quelle qu'en soit la couleur — ne signifient rien ou peu de chose. Ce sont là autant de pavillons destinés à abriter toutes sortes de marchandises de provenance douteuse et de valeur problématique.

Evitez de prêter une oreille complaisante à la musique dangereuse de ces virtuoses de la plume et de la parole.

Il en est de certains discours comme des corps organiques dont on ne peut se faire une idée exacte que par la dissection.

Le discours revêt souvent des formes séduisantes. Il faut en détourner son attention, si on veut éviter une chute dans le faux, comme on détourne ses regards de certaines beautés, lorsqu'on tient à ne pas s'écarter des lois austères de la morale.

Bornez-vous à poser à votre candidat une douzaine de questions claires et précises, avec prière de vous répondre avec non moins de clarté et de précision.

« Vous faites partie de la majorité parlementaire, direz-vous au député sortant, si vous êtes en présence d'un opportuniste.

« Eh bien ! qu'avez-vous fait pour mettre obstacle au gaspillage de nos finances ? Dans quelles circonstances vous êtes-vous séparé de ceux de vos collègues qui ont trouvé le moyen de nous ruiner ?

« Notre flotte est dans un état d'infériorité lamentable. Or, la République, la vôtre, a dépensé pour la mettre, disiez-vous, en état de nous défendre, plus que n'ont dépensé pour les leurs l'Italie, l'Autriche et l'Allemagne réunies. Que sont devenus les milliards que vous avez, de ce chef, soutirés aux contribuables ?

« Les cuirassés dont vous disposez sont démodés ou ne peuvent tenir la mer. Témoin les accidents que la presse officieuse elle-même nous signale à chaque instant.

« Les expéditions lointaines que vous avez appuyées de vos votes se sont faites sans préparation, ou ont été préparées avec une incurie tellement scandaleuse qu'à Madagascar, par exemple, nous avons perdu près de 8.000 soldats, avant même que l'ennemi se fût montré.

« Dans quel état se trouve notre armée de terre pour laquelle nous dépensons plus de millions que l'Allemagne n'en dépense pour la sienne ? Ignorez-vous que nous n'avons que des squelettes de régiments ? A-t-on demandé aux ministres compétents la raison de ces vides ? Les mauvaises langues prétendent que le Pouvoir veut réaliser des économies.

« Mais alors, comment administre-t-on le budget de la guerre? Est-ce que les fournisseurs juifs, auxquels le gouvernement s'adresse de préférence, n'entreraient pas pour une large part dans ce désarroi de nos finances ?

« Et puisque nous parlons de l'armée, veuillez-nous dire ce que vous pensez de l'attitude du Ministère à propos de l'affaire Dreyfus.

« N'avez-vous pas laissé traîner dans la boue nos officiers supérieurs par les hommes du Syndicat? Quelles mesures avez-vous exigé que l'on prît pour imposer silence à la valetaille stipendiée de la Synagogue ?

« Vous n'avez montré de l'énergie que pour protéger l'ignoble écrivain dont la plume ordurière a tenté de salir l'armée, après avoir semé la corruption dans le peuple. N'a-t-il pas fallu que la population indignée prît la défense des Conseils de guerre et des membres de l'Etat-Major livrés par le Pouvoir aux bêtes immondes du sémitisme et aux morsures venimeuses des reptiles du Sénat devenus les séides intéressés des ghettos d'Outre-Rhin ?

« Oseriez-vous affirmer que le ministère Méline n'était pas de *mèche* avec le Syndicat, et disposé à lui accorder la révision du procès Dreyfus ? Mieux que personne, comme membre de la majorité, vous savez que l'audace des Dreyfusards ne peut s'expliquer que par la complicité tacite du gouvernement.

« Qu'a fait le ministre Milliard, toujours si prompt à frapper les curés de campagne, pour rappeler Zadoc-Kahn, dont nous ne serions pas fâchés de voir l'acte de naturalisation, au sentiment des convenances? Ne l'a-t-on pas laissé organiser tout à son aise la campagne dirigée contre la sûreté de l'Etat, avec le concours à peine dissimulé de l'Allemagne, dont les fonds secrets se sont fraternellement unis aux souscriptions de la Juiverie internationale?

« Avez-vous, à l'occasion de ce complot, adressé la moindre question soit à Barthou, soit à Méline? Avez-vous mis Billot en demeure de prendre en main la défense de l'armée?

« N'a-t-il pas fallu qu'à défaut de la Chambre et du Sénat, dont la consigne était de se taire, un général que nous pourrions nommer ait signifié au ministre de faire arrêter le lieutenant-colonel Picquart?

« Quelle a été votre attitude en présence d'Hanotaux nous conduisant à Kiel et nous condamnant à marcher, la rougeur au front, à la suite de Guillaume, comme autrefois les prisonniers de guerre après le char des triomphateurs?

« Vous avez gardé le silence en homme qui se sent mûr pour la servitude et qui éprouve le besoin d'y condamner les autres.

« Quel a été votre vote, lorsqu'il s'est agi de la loi sur le privilège de la Banque de France?

« Quelle protestation avez-vous fait entendre contre les accapareurs? Avez-vous songé un seul instant à rappeler ces bandits plus ou moins titrés au respect de la loi?

« Leur avez-vous montré, je ne dis pas la lanterne où l'on accrochait leurs pareils, à la fin du siècle dernier, mais les cachots où Louis XIV, plus soucieux que les opportunistes du bien-être du peuple, enfermait ceux qui, comme les tripoteurs de la finance juive, compromettaient les intérêts du pays?

« Avez-vous protesté contre les lois arbitraires qui frappent certaines classes de citoyens?

« Qu'avez-vous fait de la liberté de conscience?

« Avez-vous jamais revendiqué pour tous les Français, quel que soit leur costume, le droit de s'associer en vue d'un but que ne réprouvent ni la morale ni le patriotisme?

« Avez-vous, au nom de l'égalité, stigmatisé la prétention qu'a le gouvernement de faire payer aux sœurs de charité, dont la vie tout entière est consacrée au service des pauvres, des malades et des orphelins, un impôt que vous n'exigez ni du commun des contribuables, ni des sociétés organisées par les Juifs, dans le but à peine dissimulé de dépouiller le gogo de ce qu'il possède?

« Que ce soit en France ou ailleurs, le catholique ne peut compter sur votre esprit de justice.

« En Orient, vous avez laissé massacrer 300.000 Arméniens, sans faire entendre la moindre protestation au monstrueux despote qui règne à Constantinople.

« Il y a mieux : pour ne pas désobliger l'empereur d'Allemagne, vous l'avez autorisé à compléter son œuvre en écrasant le petit royaume de Grèce. »

Permettez-moi de clore un interrogatoire dont les proportions seraient démesurées, si je rappelais au député sortant tout ce que sa conscience d'opportuniste redevenu honnête homme lui reprochera, le jour, qui n'est pas éloigné, où les événements se dresseront devant lui comme un remords. Il ne tient qu'à vous d'obliger le candidat qui sollicite une fois de plus vos suffrages, à faire un examen de conscience qu'il parait avoir négligé jusqu'à présent.

Ce petit exercice ne vous sera pas inutile à vous-mêmes. Il vous aidera à tirer au clair une foule de questions qu'opportunistes et *radicaux opportunisants* ont embrouillées à plaisir.

∴

Comment procéderez-vous à l'égard du candidat qui affronte la lutte pour la première fois et dont le casier parlementaire ne vous dit rien?

Inutile de l'interroger sur son passé, puisqu'il n'en a pas; mais vous pouvez et vous devez l'obliger à s'expliquer nettement sur les divers problèmes qu'il aura à résoudre une fois arrivé au Palais Bourbon.

Les questions financières, sociales, agricoles, commerciales, industrielles, sont autant de sujets d'étude sur lesquels il devra se prononcer.

Les connaît-il suffisamment?

Demandez-lui s'il ne reculera pas devant certaines réformes administratives que le pays réclame depuis longtemps.

A la fin de l'Empire, la France comptait, en chiffres ronds, deux cent mille fonctionnaires, ou employés.

Aujourd'hui, le nombre des budgétivores dépasse *six cent mille.*

Vous trouvez que cette invasion de ronds de cuir n'est pas tolérable.

Vous avez certes raison; mais vous oubliez que députés et sénateurs s'engagent, en posant leur candidature, à faire émarger au budget ceux qui les aident à décrocher la timbale.

Comme il faut en finir avec des procédés qui sentent la simonie d'une lieue, — une simonie laïque, — posez cette question à votre candidat :

Nous promettez-vous de demander que l'on ramène à deux cent cinquante mille le personnel administratif, ce qui nous vaudrait une économie de plus de cent millions? Insisterez-vous pour que l'on supprime les sous-préfectures, ces bureaux de poste où moisissent sans utilité pour personne les dossiers des communes et des particuliers, et les tribunaux de première instance où d'heureux magistrats passent leurs jours dans une douce oisiveté, faute de plaideurs?

Dites-lui enfin, en un langage qui exclue toute équivoque :

« Voici notre programme à nous électeurs, programme que nous avons la prétention d'imposer à ceux qui briguent l'honneur de nous représenter :

« Egalité de tous les citoyens devant l'impôt;

« Mise au rancart des lois sectaires que nous ont léguées, à l'instigation des Juifs et des loges maçonniques, Jules Ferry, Paul Bert,

Constans et consorts, lois d'exception dont le ministère Méline a fait sa règle de conduite, tout en protestant, en termes dénués... de franchise, de sa modération et de son libéralisme, lois anti-patriotiques qui ont eu pour résultat de diviser la France en deux camps ennemis;

« Liberté d'association ;

« Réforme de la loi sur les successions, loi spoliatrice qui permet à l'Etat de s'adjuger le quart des héritages sous le fallacieux prétexte que celui qui hérite s'enrichit sans effort;

« Expulsion des Juifs — qui, en dépit de leur naturalisation, forment un peuple à part ayant ses lois et ses usages — des fonctions administratives grassement rétribuées, les seules qu'ils recherchent, et des hauts grades de l'armée, où leur présence comme officiers supérieurs, l'affaire Dreyfus l'a démontré, est un péril national;

« Expulsion de notre territoire de tout Juif non naturalisé ou dont la naturalisation ne remonte pas à quarante ans ;

« Retrait du décret Crémieux sur les Juifs algériens, ces vagabonds, « ces rebuts humains, ces balayures d'un passé flétri, dont on a « fait des Français, sans leur demander d'où ils venaient, s'ils « savaient même notre langue et s'ils n'appartenaient pas à d'autres « nationalités », lisons-nous dans un article de P. de Cassagnac ;

« Répression impitoyable de l'usure, accompagnée d'un vote flétrissant la conduite du ministère Méline, auteur d'un décret qui autorise les Juifs d'Algérie à prêter **à 10 pour cent** aux colons et aux Arabes !!! »

∴

Un journal de l'Est a dit avec raison que, pour supprimer l'effet, il faut supprimer la cause. D'où cette conclusion : que, le 8 mai, du Nord au Midi, de l'Est à l'Ouest de la France, partout on votera *pour* ou *contre* les Juifs, ou, ce qui revient au même, contre l'influence de la haute Juiverie.

Que sera la nouvelle Chambre?

Je l'ignore.

Ce que nous pouvons affirmer — et le pronostic n'a rien de rassurant — c'est que si elle ressemble à celle qui vient d'évacuer le Palais Bourbon, les pires catastrophes nous attendent.

Aux électeurs d'aviser.

Veuillez croire, mes chers amis, à l'expression de mon entier dévouement.

I. Bertrand.

P.-S. — Voici quelques extraits du Talmud que je crois utile de soumettre à vos méditations.

« Le peuple élu est digne de la vie éternelle, les autres peuples ressemblent à des ânes. » (Abarbanel.)

« Les maisons des Goym sont des maisons d'animaux. » (Sepher Leb Tob., fol. 86.)

« Les Israélites sont seuls appelés des hommes, mais les idolâtres (les chrétiens) viennent de l'esprit impur et doivent être désignés sous le nom de cochons. » (Jalqût Reûbeni.)

« L'hypocrisie est permise, en ce sens que le Juif peut se montrer poli envers l'impie ; qu'il l'honore et qu'il lui dise : Je vous aime. Cela est permis si le Juif en a besoin. » (Tract. Barachotts.)

« La propriété d'un non-Juif équivaut à une chose abandonnée ; le vrai possesseur est celui qui la prend le premier. » (Tract. Baba Bathra, etc.)

« Il est permis de tromper un Goy et de pratiquer l'usure à son égard. » (Tract. Baba Mez.)

« Si un Juif a un procès avec un chrétien, vous donnerez gain de cause au premier. C'est ainsi que le veut la loi. » (Talm. Tract. Baba Qamma.)

Le vieux rabbin Brentz écrit dans son livre intitulé : *Le Judenbalg* : « Si les Juifs ont voyagé toute une semaine et trompé les chrétiens à droite et à gauche, qu'ils s'assemblent en sabbat et se glorifient de leurs canailleries, en disant : Il faut arracher au Goy le cœur, et assommer le meilleur des chrétiens, quand on le pourra. » (P. 21.)

« Quand un Goy a entre les mains un billet constatant qu'il a prêté de l'argent à un Juif, et que, venant à le perdre, un Israélite le retrouve, ce dernier ne doit pas le rendre. » (Talm. Tract. Baba Qamma).

« Dieu ordonne de pratiquer l'usure envers un Goy, et de ne lui prêter de l'argent que s'il consent à nous payer les intérêts de manière à ce que, au lieu de lui venir en aide, nous réussissions à lui faire tort, même quand il nous est utile, tandis qu'envers l'Israélite il faut agir autrement. » (Maïmon. Sepher mizvoth Gaddel.)

« Si un chrétien a besoin d'argent, le Juif saura le tromper avec habileté. » (Jüd. Deckmantel, p. 171.)

« Il est juste de tuer un hérétique. » (Jalqût.)

« Celui qui fait couler le sang des impies (des chrétiens) offre un sacrifice agréable à Dieu. » (Tract. Abodzar.)

« Il est ordonné, dit Maïmonides, d'assassiner et de jeter dans la fosse de la perdition les traîtres en Israël et les hérétiques, tels que Jésus de Nazareth et ses adhérents. »

Je passe sous silence les obscénités qui déshonorent le Talmud et qui, a écrit Drach, obligent la pudeur à se voiler la face.

∴

Nous ne faisons pas aux Juifs une guerre de religion. Ceux qui nous en accusent mentent effrontément. Mais je crois utile de signaler à l'attention publique les préceptes dont le Talmud est émaillé.

2e *P.-S.* — La Cour de Cassation, d'accord, sans doute, avec le ministère Méline, vient de déclarer nuls et non avenus le verdict du Jury de la Seine et l'arrêt de la Cour d'assises condamnant Zola à un an de prison et 3.000 fr. d'amende, pour outrage aux membres du Conseil de guerre qui avait acquitté le commandant Esterhazy.

La haute Cour s'est basée sur ce fait, que les poursuites auraient dû être intentées non à la demande du ministre Billot, mais du Conseil de guerre injurié.

Il me répugne d'accuser de mauvaise foi les membres de la Cour de Cassation; mais alors ces vénérables chats fourrés me permettront de leur dire, avec tout le respect que je dois à leur hermine : « Vous n'avez donc pas lu jusqu'au bout l'article 47 de la loi de 1881, article ainsi conçu :

« Dans le cas de diffamation ou d'injure envers les cours, tri-
« bunaux et autres corps indiqués dans l'article 30, la poursuite
« n'aura lieu que sur une délibération prise par une assemblée
« générale et requérant les poursuites, ou, *si le corps n'a pas*
« *d'assemblée générale, sur la plainte du chef de corps* OU DU MI-
« NISTRE DONT CE CORPS RELÈVE. »

Est-ce que ce dernier membre de phrase vous a échappé, ou avez-vous oublié que le Conseil de guerre devant lequel a comparu le commandant Esterhazy n'est pas à l'état permanent ?

« Quand une affaire est jugée, ses membres se dispersent, et il lui est impossible, moralement et matériellement, de se réunir pour formuler une plainte contre ceux qui l'outragent », fait observer avec raison un journal qui ne passe pas pour anarchiste.

Il appartenait donc *au chef de corps, au ministre dont le corps relève*, au général Billot, de *requérir des poursuites.*

Quelle conclusion tirer de tout cela? — C'est que nous sommes en proie à l'anarchie, et que la France n'a plus qu'une chose à faire, si elle veut échapper aux pires catastrophes : profiter des élections qui se préparent pour balayer la majorité à tout faire qui, non contente de se traîner et de nous traîner aux pieds de la Juiverie, a mis nos finances dans un état déplorable, foulé aux pieds nos libertés les plus chères, passé l'éponge sur toutes les infamies qui se sont succédé presque sans interruption et ont fait de nous la risée de l'Europe.

Hercule put, à lui seul, nettoyer les écuries d'Augias.

Pour balayer le fumier que vingt et quelques années de corruption et d'hypocrisie opportuniste, pseudo-radicale et judaïsante ont accumulé dans le pays, six millions d'électeurs ne seront pas de trop.

Les honnêtes gens, dans l'âme desquels tout patriotisme n'est pas éteint, feront bien, s'ils veulent échapper à la culbute finale, de sortir de la torpeur dans laquelle ils semblent plongés.

I. B.

Commercy. — Imprimerie E. Tugny, rue Colson, 22.

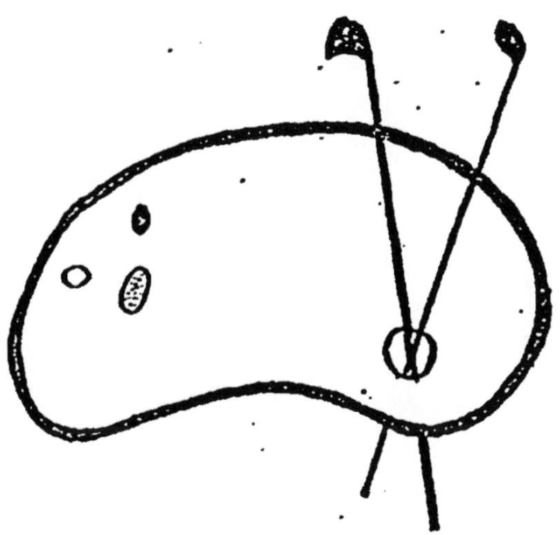

www.ingramcontent.com/pod-product-compliance
Ingram Content Group UK Ltd.
Pitfield, Milton Keynes, MK11 3LW, UK
UKHW020359250726
13967UKWH00005B/2380

9 782013 254182